*Ich kann nicht erkennen,
dass sich die Blätter an den
Bäumen gegenseitig verdrängen.
Was ich sehe ist, dass sie
gemeinsam wachsen.*

Der Inhalt dieses Buches
kann ein wichtiger Beitrag zur
Entwicklung einer deutlich
menschlicheren Zukunft sein.

© Michael Johanni 2024
Herstellung und Verlag:
BoD – Books on Demand,
Norderstedt
ISBN: 978-3-7578-0325-4

Erstfassung 2023

Ich glaube, die Blätter sprechen miteinander

Meine Gedanken

von

Michael Johanni

Menschenrechtsaktivist

2024

Buchtitel von Christine Werth

Prolog

Liebe Mitbürger,

Zufriedenheit und Glück sind das Ergebnis einer bewussten Lebensweise.
Deshalb ist es wichtig, unsere ureigensten, natürlichen Eigenschaften, die jeder mit sich trägt, wertzuschätzen.
Einem zufriedenstellenden Job nachzugehen ist zweifelsfrei wünschenswert.
Aber ist das wirklich alles?
Bist du, die Leserin oder der Leser, sicher, dass du ein sinnerfülltes Leben führst?
Fühlst du dich oft eingeengt?
Es gibt Wege, die uns freier machen.
Mit ein wenig Mut können wir die Einbahnstraße verlassen – für ein Dasein mit mehr Lebensfreude.

Michael Johanni

Sinnhaftigkeit

Echte Lebensfreude und Mensch-lichkeit stehen eng beieinander, das eine kann ohne das andere nicht bestehen.

Beides anzustreben bedeutet, dem Leben mit wahrer Sinnhaftigkeit zu begegnen.

Glaube an dich

Sei immer davon überzeugt,
Gutes zu bewirken ist
jederzeit möglich.

Wie soll sich unsere eigene
Persönlichkeit entfalten,
wenn wir überwiegend
auf Anordnungen
von außen warten?

Botschaften?

Auch Blumen
sprechen eine Sprache.
Manchmal eine traurige,
doch meist eine fröhliche.

Könnten Blumen laut sprechen,
hätten sie sicher viele über-
raschende Botschaften für uns.

Deine Energie

*Denke daran – du hast
deine persönliche Energie
nur einmal zur Verfügung!
Es ist demnach entscheidend,
für was du deine Lebensenergie
einsetzt.*

Deine innere Uhr

Sobald es dir gelingt, mit deiner inneren Uhr in Einklang zu kommen, fällt es dir leichter, Wesentliches von Unwesentlichem zu unterscheiden.

Der Monotonie
den Rücken kehren

Stell dir vor, fast alle Häuser
in deiner Wohngegend sind nur weiß
oder grau gestrichen.

Diese Monotonie will uns „schlafend"
machen – doch das Gegenteil
sollten wir tun.

Wir müssen wach sein, wach werden,
wenn wir tatsächlich mit Würde
leben wollen!

Herbst

Immer dann, wenn sich im Herbst die Bäume und Wälder mit ihren bunten Blättern präsentieren, wird mir erneut bewusst, wie außergewöhnlich schön die Erde und ihre Natur ist.

Winter

Sobald im Dezember die ersten zarten Schneeflocken fallen, erinnere ich mich aufs Neue an die kalten Monate während meiner Kindheit, und an die Wärme, welche mich daheim umgab.

Gemeinschaft
Stärke

Die ganze Kraft
steckt im Baum,
nicht in einem Ast.

Respekt

Wenn ich die Blätter an den Bäumen und Sträuchern beieinander sehe, stelle ich mir manchmal vor, wie es wohl wäre, wenn auch die Menschen ihre Mitbürger so gelassen respektierten.

Hinhören

*Die allermeisten Menschen
haben manch Interessantes
zu erzählen.
Wir brauchen nur
etwas aufmerksam
hinhören.*

Natürlichkeit - Verstehen

Wenn wir Menschen der Natur nicht entsprechen, überholt sie uns, bevor wir ihr wertvolles Geschenk – das Leben – überhaupt begreifen.

Die menschliche Kommunikation ist einzigartig!

Kommunikation bedeutet:

Miteinander reden, sich anderen Menschen mitteilen, zwischenmenschliche Informationen mit unseren Sinnesorganen senden und empfangen wie auch Gestik und Mimik als selbstverständliche Kommunikationsinstrumente einsetzen.
Und natürlich können wir auch schriftlich kommunizieren.

Wenn wir all dies im menschlichen Sinne täglich nutzen, eröffnen sich für uns nahezu unzählige Möglichkeiten – für jeden Einzelnen, und schließlich zum Wohle unserer Gesellschaft.

Schönheit - Größe

Die Schönheit der Erde zeigt sich auch mit der Schönheit der Meere.

Die Größe der Menschen zeigt sich durch die Größe ihrer Fähigkeit, Wahrheit von Unwahrheit zu unterscheiden und danach zu leben.

Mensch sein

Du wurdest als Mensch geboren.
Deshalb – lebe menschlich,
denke menschlich, entscheide
menschlich – denn dies ist
unser aller Weg.

Gute Pflege

„Blumen und Menschen
haben eines gemeinsam:
Wenn du beide gut pflegst,
entfalten sie ihre vielseitigen
Eigenschaften."

Christine Werth
Menschenrechtsaktivistin
Hobbyfotografin

Erde - Glück

Sobald uns wirklich ganz und gar bewusst wird, welch ein Glück es ist, dass wir Menschen auf dieser Erde leben dürfen, sollte uns damit gleichzeitig deutlich werden, dass wir an unserer Natürlichkeit festhalten müssen.

Ein Feld

Wann werden wir damit beginnen, gemeinsam ein Feld anzulegen, auf dem wahre Menschlichkeit durch gute, natürliche Pflege gedeihen kann?

Würde

Wir Menschen sind ein Bündel beachtlicher, mentaler und körperlicher Fähigkeiten, die es uns grundsätzlich ermöglichen, ein Dasein in Würde zu führen.

Wir sind beides

Jeder Mensch
ist ein Individuum.

Und jeder Mensch ist auch
ein Gemeinschaftswesen.

Authentizität

Wir Menschen sind von Geburt an freundliche Wesen, wir müssen uns nicht erst dazu zwingen. Wir sollten uns nur zutrauen, menschlich authentisch zu sein, dann ergibt sich Vieles von allein.

Deine Persönlichkeit

Wer immer nur der Mehrheit und altgewohnten Denkmustern nachlebt, findet kaum zu seinen tatsächlichen Stärken und wird seine eigene Persönlichkeit wahrscheinlich nie wirklich entfalten.

Wahrheit

„Wahrheit bedarf
oft nicht vieler Worte,
manchmal auch keiner."

Christine Werth
Menschenrechtsaktivistin
Hobbyfotografin

Argumente

*Es zeugt von Vernunft und
Einsicht, wenn wir Argumente
stehen lassen und akzeptieren,
die mit ehrlichen Mitteln
nicht widerlegbar sind.*

Unsere Daseinsreise

Der wahre Sinn unseres Lebens besteht schlicht und einfach darin, die Daseinsreise zwischen Geburt und Tod so würdebeachtend als möglich zu gestalten – und dies im Einklang mit unseren Mitmenschen, den Tieren sowie aller anderen, natürlichen Elemente unserer Umwelt.

Du bist wertvoll

Sei dir deiner Persönlichkeit bewusst.

Du hast das natürliche Recht auf ein Leben in Würde, und deine Mitmenschen ebenso.

Strebe nach der Wahrheit und setze dich für eine deutlich menschlichere Zukunft ein – für dich, für Kinder, deine Mitbürger und künftige Generationen.

Zulassen

Der Schlüssel zu einem guten
Selbstbewusstsein liegt im
Erkennen und Zulassen der
menschlichen Grundbedürfnisse

Die richtige Seite

Während unseres Lebens ist es immer wichtig, auf der richtigen Seite zu sein, und diese findest du dort, wo Menschlichkeit an erster Stelle steht.

Spreche deine Mitmenschen an

Für eine menschliche Gesellschaft ist es äußerst wichtig, dass wir uns gegenseitig ansprechen.

Ob im Bus, in der Bahn, beim Einkaufen, im Café, im Wartezimmer oder im Stadtgetummel – überall gibt es Chancen, ein Gespräch zu beginnen.

Hemmungen und negative Erfahrungen stehen uns im Wege.

Wenn wir täglich üben, können wir sie nach und nach zur Seite schieben. Es lohnt sich!

Deine Zeit

Lass dir deinen Tag nicht von üblichen Gesellschaftsnormen rauben. Suche nach Zeitnischen, um dein Leben nach den eigenen, positiven Vorstellungen zu gestalten.

Eine Bereicherung

Sehe in Kindern immer zuerst
eine Bereicherung, und vor
allem, nehme sie ernst.

Kleine Kinder und junge
Hunde haben mindestens
eine Gemeinsamkeit:
Beide freuen sich, wenn
wir sie beachten.

Verbindlichkeit - Zukunft

Für eine deutlich menschlichere Zukunft brauchen wir eine echte, verbindliche Gemeinschaft.

Eine solche entsteht, sobald wir uns möglichst oft gegenseitig unterstützen und aufrichtig ergänzen.

Das Alter

*Motivation und Gemeinschaft
erhalten die Kraft eines
Menschen bis ins hohe Alter.*

*Respekt gegenüber unseren
älteren Mitbürgern sollte das
Mindeste sein, das wir ihnen
entgegen bringen.*

Gestalte selbst

Mir wird jedes Mal warm ums Herz, wenn ich ältere Mitbürger sehe, die ihr vorgerücktes Alter mit Würde tragen.

Gleichsam vermitteln sie mir dabei, dass das Älterwerden einem weitverzweigten Weg folgt, der am besten durch uns selbst gestaltet sein sollte.

Motivation

Jeder Mensch
trägt die Fähigkeit in sich,
andere zu motivieren.

Jeder von uns hat es,
sein natürliches Potential.
Erlauben wir uns, wirklich
selbstständig zu denken.

Einblicke

Wenn wir Missverständnisse mit unseren Mitbürgern möglichst vermeiden wollen, sollten wir uns darum bemühen, einen wohlwollenden Einblick in ihre persönliche Lebensgeschichte zu bekommen.

Fremd?

Niemand ist fremd,
solange wir ihn nicht
als fremd behandeln.

Die sinnvollsten
Veränderungen für uns
Menschen sind immer jene,
welche sich auf der Basis eines
natürlichen, gesunden
Gedankengutes entwickeln.

Ehrlichkeit

Wer nicht mehr daran glaubt, dass es auch ehrliche Menschen gibt, wird diese nicht finden, selbst dann nicht, wenn sie direkt vor ihm stehen.

Eine Lüge kann ihre Wirkung nur dann entfalten, wenn sie hingenommen wird.

Wahrnehmen

Die meisten Unannehmlichkeiten bringen wir rasch hinter uns, indem wir sie nicht lange vor uns herschieben, sie bewusst wahrnehmen und darüber reden.

Stärke

„Es zeigt Stärke,

zuzugeben, manches

nicht zu wissen.“

Christine Werth
Menschenrechtsaktivistin

Wenn du Ehre als etwas

Sinnvolles wahrnimmst, wird

Materielles für dich zweitrangig.

Unsere Vorstellungskraft

Eigentlich brauchen wir sie in jedem Lebensbereich, unsere Vorstellungskraft.
Sie hilft uns, Ziele und nötige Veränderungen sinnvoll in die Praxis umzusetzen.

Wissensbereicherung?

Wenn wir immer nur mit Menschen reden wollen, die eins zu eins unserer Meinung sind, bleiben wir innerhalb eines kleinen Denkrahmens, ohne Wissensbereicherung.

Miteinander

Sobald wir Kinder auf eine Weise behandeln und fördern, wie es den meisten Pflanzen regelmäßig zukommt, wird sich die zerrissene Gesellschaft nach und nach zu einem menschlichen Miteinander wandeln.

Gutes tun

Nachdem ich mir beim Erwachen am Morgen bewusst bin, dass mir ein neuer Tag geschenkt wird, ist mein zweiter Gedanke oft bei Mitmenschen, für die ich etwas Gutes tun möchte.

Lebenseinstellung

Gegenwind bedeutet noch lange keinen Rückschritt, wenn wir mit unserer Lebenseinstellung weiterhin zweifelsfrei zum Wohle der Menschlichkeit denken und handeln.

Menschlichkeit

Es gibt keine
häßlichen Menschen.
Es gibt jedoch Gedanken,
die häßlich sind.

Jeder Mensch ist musikalisch,
auch diejenigen, die weder
singen noch ein Instrument
spielen.

Kinder - Lebensqualität

Sobald ich fröhliche Kinder sehe,
verspüre ich tiefere Sehnsucht nach
freudiger Unbefangenheit und sor-
genfreiem Lachen.
Was ist mit mir?

Wagen wir Verbindlichkeit

*Jeder Mensch bevorzugt
die Wahrheit, zumindest
in seinem Inneren.*

*Suche beim täglichen Umgang
mit deinen Mitmenschen
nicht nach distanzierenden
Unterschieden, sondern nach
sinnvollen Gemeinsamkeiten.*

Zusammenhalt

*Die Gemeinschaft ist kein
notwendiges Übel, viel mehr ein
Schlüssel für Zufriedenheit.*

*Ein Baum
kann dem Sturm trotzen.
Einzelne Äste jedoch
brechen leicht.*

Verwirklichung

Es ist keineswegs wichtig, ob wir mit schlechten oder mittelmäßigen Gesellschaftsverhältnissen einigermaßen zurecht kommen.

Entscheidend ist, ob unsere Lebensqualität tatsächlich einem gesunden, würdebeachtenden Dasein entspricht.

Charakter

Es gibt Menschen, welche sich mit der Rechtschreibung manchmal schwer tun, die aber einen vorbildlichen Charakter mit sich tragen, der hundert Mal mehr wert ist als perfektes Schreiben.

Der Blick auf
die menschliche Seite

Jeder Mensch ist beeinflussbar, sowohl für das Positive als auch für das Negative.

Deshalb muss es unser aller Bestreben sein, unseren Blick möglichst vorurteilsfrei der positiven, menschlichen Seite zuzuwenden.

… sich ansehen

Jedes Mal, wenn Menschen aneinander vorbei gehen ohne sich anzusehen, vergessen sie, dass sie sich dabei zu einem gewissen Maße gegenseitig ausgrenzen.

Ein Kartenhaus?

Illusionen kommen dem
vielbesagten Kartenhaus gleich,
das früher oder später
in sich zusammenfällt.

Ist es bei solchen Aussichten
nicht besser, sich stets um
eine authentische Lebensweise
zu bemühen?

Danke

Wir Bürger erleben viele Situationen, die uns auf die eine oder andere Weise verletzen.

Dennoch gibt es Einiges, das uns wohlgesonnen ist – Mitmenschen, die uns mit Respekt behandeln.

Auch ich möchte mir immer wieder ins Bewusstsein rufen, für die angenehmen, schönen Dinge des Lebens dankbar zu sein, insbesondere gegenüber zahlreichen Bürgern, die mir auf meinem bisherigen Weg zur Seite standen. Zu diesen gehört zweifelsohne **Christine Werth,** meine Partnerin, die mir eine wichtige Stütze ist.

Liebe Christine, ich danke dir – lass dich umarmen!

Fotos - Hinweis
Baum mit Bank von Pixabay GmbH

Ein wenig über mich

Warum sollen wir Menschen nicht in Frieden und Harmonie zusammenleben können?
Ich bin davon überzeugt, dass dies sehr wohl möglich ist.
Am 4. Dezember 1962 wurde ich in Schweinfurt/Nordbayern geboren.
Irgendwann, vor ungefähr 30 Jahren, fing ich damit an, viel mehr zu hinterfragen.
Daraus entwickelte sich im Laufe der Jahre das stetige Anliegen in mir, vor allem die zwischenmenschlichen und gesellschaftspolitischen Zusammenhänge bewusster zu analysieren.
Und 2008 gründete ich den Verein ...mensch bleib Mensch!
Meinen heutigen Wissensstand verdanke ich meinen ausgeprägten, autodidaktischen Fähigkeiten, der stetigen Neugierde und dem immer präsenten Bedürfnis nach authentischer Menschlichkeit in allen Lebensbereichen.

Über deine Nachricht
freue ich mich.
mail@michael-johanni.de
www.michael-johanni.de
www.mensch-bleib-mensch.de
www.buecher-charakter.de

Meine weiteren Werke

Ein Meer aus bewegten Gedanken für eine Welt in Frieden

Erlesenes Nachschlagewerk mit 400 bedeutsamen Aphorismen & Kurztexten, verfasst von 2005 - 2024

Hardcover, 180 Seiten
Buchformat: 21 x 21 cm
Erschienen: 2024
ISBN: 978-3-7597-0241-8
34,00 Euro / e-book 9,49 Euro

Das Gute wird sich durchsetzen

Unser menschliches Potential
Hindernisse und Chancen

152 Seiten
Buchformat: 12 x 19 cm
Erschienen: 2023
ISBN: 978-3-7578-2487-7
13,90 Euro / e-book 2,99 Euro

Verwandle deine Hoffnung in Ziele

Motivierende Aphorismen & Kurztexte

80 Seiten, Kurztexte
Buchformat: 12 x 19 cm
Erschienen: 2024
ISBN: 978-3-7583-7363-3
7,90 Euro / e-book 2,99 Euro

Weitere auf der nächsten Seite

Raus aus der Apathie
Welcher Wert liegt im Leiden?

276 Seiten, Buchformat: DIN A5
Erschienen: 2021, Neufassung
ISBN: 978-3-7543-9739-8
14,90 Euro / e-book 4,99 Euro

Zukunft braucht Courage
Abwarten bringt uns nicht weiter!

224 Seiten, Buchformat: DIN A5
Erschienen: 2022, Neufassung
ISBN: 978-3-7568-8786-8
12,90 Euro / e-book 3,99 Euro

Lila Bäume
Wenn wir genauer hinsehen ...

152 Seiten, Buchformat: 12 x 19 cm
Erschienen: 2021
ISBN: 978-3-7557-4150-3

Weitere auf der nächsten Seite

Das kleine Grundbedürfnisbuch
Ein begehbarer Weg

44 Seiten, Buchformat: 12 x 19 cm
Kurztexte
Erschienen: 2024, Neufassung
ISBN: 978-3-7543-7910-3
5,90 Euro / e-book 1,99 Euro

… damit das Morgen eine Aussicht hat
Sei neugierig und hinterfrage

60 Seiten, Buchformat: 12 x 19 cm
Erschienen: 2021
ISBN: 978-3-7557-7986-5
6,90 Euro / e-book 1,99 Euro

… verschüttet, aber nicht verloren
Du hast mindestens 12 Grundbedürfnisse

80 Seiten, Buchformat: 17 x 17 cm
Kurztexte, bebildert
Erschienen: 2021, Neufassung
ISBN: 978-3-7557-1509-2
12,90 Euro / e-book 3,99 Euro

Meine bisherigen Bücher werden vom Verlag BoD-Books on Demand Norderstedt veröffentlicht.

Standhaft sein

So, wie der Wald nur aus standhaften Bäumen bestehen kann, braucht unsere Gesellschaft standhafte, charakterstarke Menschen.